Vollständig überarbeitete Miniausgabe des
ebenfalls im Verlag W. Hölker erschienenen Titels
„Das praktische Jagdkochbuch"

5 4 3 2 1
ISBN 3-88117-618-7
Gestaltung: Niels Bonnemeier
Redaktion: Monika Römer, Gabriele Heßmann
© 2003 Verlag W. Hölker GmbH, Münster

Ernst-Ulrich
Schassberger

Das kleine
Jagdkochbuch

Hölker Verlag

Inhalt

Die Rezepte sind, falls nicht anders
angegeben, für 4 Personen berechnet.

Vorwort

Seit mehr als 25 Jahren ist die große Ausgabe von „Das praktische Jagdkochbuch" bereits im Handel. Im Jahre 2000 habe ich eine komplett überarbeitete Neuauflage vorgestellt, für die viele Rezepte verändert und dem heutigen Geschmack angepasst wurden. Diese Ausgabe war inzwischen so erfolgreich, dass wir Ihnen nun auch eine kleine kompakte Geschenkausgabe davon vorstellen. Eigentlich ist es nicht weiter verwunderlich, dass ein Jagdkochbuch so viele Liebhaber findet. Denn Wild gehört zu den natürlichsten Nahrungsmitteln überhaupt. Es wird nicht ge- oder überzüchtet, erhält keine Hormonspritzen, wird nicht mit genmanipuliertem Futter gemästet und lebt immer noch artgerecht in freier Natur. Und die Kunst der Wildküche besteht darin, aus dem einzelnen Wildbret das zuzubereiten, was dessen natürlicher Beschaffenheit am nächsten kommt.

Als Präsident von Eurotoques Deutschland, Österreich und der Schweiz liegt es mir am Herzen, die traditionell-handwerkliche Küche mit unverfälschten Lebensmitteln, möglichst aus ökologischem Anbau bzw. artgerechter Tierhaltung, vorzugsweise aus der Region und der Saison, zu pflegen.

Eurotoques ist eine Initiative mit philantropischen, wissenschaftlichen und pädagogischen Zielen und vereint weltweit rund 3.200 Spitzenköche und Verbraucher. Die Eurotoques-Chefs tragen eine gemeinsame Philosophie: In einer Zeit, in der Wissenschaft und Technik die in Jahrtausenden entstandenen

Artengrenzen zwischen Tieren und Pflanzen über-
schreiten, die industrialisierte Landwirtschaft Böden
und Klima zerstört, Nahrungsmittel künstlich ge-
schaffen werden, der freie Handel mehr gilt als die
Sorge für die Gesundheit der Menschen, fühlen wir
– die wir täglich Essen für Tausende unserer Mit-
menschen zubereiten – uns verpflichtet, uns mit aller
Kraft für diese und die nächste Generation einzuset-
zen, und das heißt:

- für die Bewahrung unserer regionalen Traditionen,
  die heute oft schon eine Wiederentdeckung sind,
- für jedes natürliche und gesunde Produkt im kuli-
  narischen Bereich,
- für die Ehre unseres Berufsstands, indem wir
  täglich die traditionelle Kochkunst mit frischen,
  saisonalen Zutaten praktizieren und jede Art von
  Fertigprodukten, künstlichen Geschmacksstoffen
  etc. aus unseren Küchen verbannen. Diese Philosophie kann jeder verantwortungsbewusste Genießer
  mittragen.

Kochen ist die wohl älteste kulturelle Tätigkeit der
Menschen, kann reine Notwendigkeit oder Luxus, all-
tägliche Arbeit oder Sonntagsereignis sein. Und
wenn alles glückt, ist Kochen eine Kunst, die Lust und
Vergnügen bereitet. Helfen Sie mit, unsere Esskultur
zu erhalten, und denken Sie immer daran: „Happy
cooking makes happy people."

Ernst-Ullrich Scharnberger

Einführung

Die Bedeutung von Wild für die Ernährung

Von jeher ist Wild ein wesentlicher Bestandteil der menschlichen Ernährung. Heutzutage ist es nicht nur seines kernigen Fleischs und feinen Eigengeschmacks wegen sehr geschätzt, sondern auch aufgrund seiner ernährungsphysiologischen Vorzüge wichtiges Element einer gesunden und ausgewogenen Ernährung. Denn das Fleisch sowohl fett- als auch cholesterinarm, leicht verdaulich, reich an Eiweiß, Mineralstoffen sowie Vitaminen.

Die Wild- und Wildgeflügelarten

Unter Wild verstehen wir alle Tiere, die in freier Natur leben und dem Jagdrecht unterliegen. Andere wild lebende Tiere wie Fuchs, Käuzchen, Rabe und Elster bezeichnet man als Raubzeug.
Jäger unterteilen Wild in Haarwild (felltragende Tiere) und Federwild (federntragende Tiere). Letzeres wird auch als Wildgeflügel oder Flugwild bezeichnet. Zum Haarwild gehören:
- geweihtragende Wildtiere (Hirschartige) wie Rot-, Reh-, Dam-, Ren- und Elchwild,
- horntragende Wildtiere wie Gams-, Muffel- und Steinwild,
- Schwarzwild, d.h. das Wildschwein,
- hasenartige Wildtiere, d.h. Feldhase und Wildkaninchen.

Geweih- und horntragende Wildtiere (auch Hochwild genannt) sowie Schwarzwild werden ihrerseits unter dem Begriff Schalenwild zusammengefasst. Die Hasenartigen gehören dagegen mit Dachs und Biber zum Ballenwild (auch als Niederwild bezeichnet). Zum Federwild zählen:

- Hühnervögel wie Fasan, Reb-, Rot-, Schneehuhn, Wachtel, Auer-, Birk- und Haselwild,
- Watvögel wie Sumpf- und Waldschnepfe,
- Taubenvögel (Wildtauben) wie Ringel-, Türken- und Turteltaube,
- Schwimmvögel wie Wildente und -gans.

Der Rezeptteil dieses Buchs hält Zubereitungsvorschläge für die wichtigsten dieser Wildarten bereit.

Die sachgerechte Behandlung

Damit Wildbret tatsächlich gesund und schmackhaft bleibt bzw. wird, muss es vom Erlegen bis zum Verzehr sachgerecht behandelt werden.
Das Alter, in dem das Wild geschossen wird, ist sehr wichtig für die Qualität des gewonnenen Fleischs. In der Regel ist dasjenige junger Tiere zu bevorzugen. Doch auch die Umstände, unter denen es erlegt wird, sind ausschlaggebend. Nur der Reifungsprozess eines stressfrei geschossenen Wilds kann optimal

verlaufen, darum wird sein Fleisch beim Garen am zartesten. Wurde das Tier bei einer Drück- oder Teibjagd erlegt, wird sein Fleisch leicht zäh und trocken. Dem kann aber durch den Vorgang des Abhängens entgegengewirkt werden (s. S. 14 u. 16).

Entscheidet der Jäger selbständig über die Unbedenklichkeit des Fleischs, was grundsätzlich bei dem für den persönlichen Verbrauch, den Einzelhandel und die Gastronomie bestimmten Fleisch der Fall ist, hat er die alleinige Verantwortung für eine fachmännische Versorgung.

Bei heimischem Wildschwein (Frischlingen, Bachen und Keilern) ist vom Gesetzgeber zusätzlich eine amtstierärztliche Untersuchung auf Trichine vorgeschrieben. Bei Importware und für den Großhandel bestimmtem Fleisch muss darüber hinaus eine umfangreiche veterinärmedizinische Untersuchung durchgeführt werden.

Direkt nach dem Erlegen

Die verschiedenen Wild- und Wildgeflügelarten müssen nach dem Abschuss vom Jäger unterschiedlich behandelt werden:

Schalenwild ••• Der Jäger muss Schalentiere direkt nach dem Erlegen „aufbrechen", d.h. ausweiden. Dabei entfernt er Magen, Därme (Gescheide), Zunge, Lunge, Herz, Leber, Niere und Milz. Nach alter Waidmannssitte steht ihm als „kleines Jagdrecht" der „Aufbruch" zu, genauer der verwertbare Teil der Innereien.

Erlegtes Wild muss in der Regel sofort an Ort und Stelle aufgebrochen werden, da sonst die Gefahr des Verhitzens, d.h. des Übergangs in saure Gärung oder gar Fäulnis, besteht. Verhitztes Wildbret ist an einer grün verfärbten Unterhaut, einer kupferroten Muskulatur zu erkennen und daran, dass sich die Haare des Fells leicht lösen lassen. Ebenso charakteristisch ist ein unangenehm süßlich-fauler Geruch und ein fader bis bitterer Geschmack. Wildbret mit solchen Anzeichen ist für den Verzehr nicht mehr geeignet.
Im Gegensatz dazu erfolgt ein kontrollierter Reifungsprozess durch Abhängen des aufgebrochenen Tiers im Fell, vom Fachmann „Decke" genannt, an einem kühlen, luftigen Ort. Es hat je nach Dauer einen zunehmend starken „Hautgout" zur Folge, den typischen Wildgeschmack und -geruch, der durch die Zersetzung des Fleischeiweißes entsteht. Heute ist dies allerdings nur noch selten in sehr ausgeprägter Form gewünscht.

Feldhase und Wildkaninchen ••• Bei ihnen sollte direkt nach dem Erlegen der Inhalt der Harnblase ausgedrückt werden. Das sofortige Entfernen der Leber und das Gescheides ist bei warmer Witterung unbedingt notwendig, kann aber bei Frostwetter unterbleiben. Danach sollte der Balg wieder gut verschlossen werden, um das Austrocknen des Tieres zu verhindern.

Federwild ••• Die Wildarten, die unter diesem Begriff zusammengefasst werden, sollten am Kopfende hängend auskühlen und dann gerupft werden. Größeres

Federwild, mit Ausnahme der Schnepfe (sie wird wie das kleinere Federwild behandelt, s.u.), soll, vor oder nach dem Rupfen, ausgenommen werden. Zu diesem Zweck wird die Bauchdecke geöffnet und das Gescheide nach hinten hin herausgezogen. Herz, Leber und Lunge verbleiben im Tier.

Kleineres Federwild, wie z.B. das Rebhuhn, hakt der Jäger aus, d.h. er entfernt sein Gescheide mit Hilfe eines Hakens durch den Darmausgang, ohne dabei die Bauchhöhle zu öffnen. Dies muss äußerst fachmännisch geschehen, damit das Fleisch nicht von Darmbakterien verschmutzt wird.

Bei Hühnervögeln und Wildtauben muss man zudem möglichst rasch den Kropf, eine beutelartige Ausbuchtung am Schlüsselbein, samt Inhalt entfernen. Bei Wildenten wird in der Regel das Federkleid einschließlich der anhaftenden Haut entfernt, um zu verhindern, dass das Fleisch einen tranigen Geschmack bekommt.

Da die Bedingungen, unter denen Wild und Wildgeflügel vom Jagdrevier auf den Küchentisch gelangen, nicht immer optimal sind, empfiehlt das Bundesgesundheitsamt in Berlin, beides sicherheitshalber immer durchgegart zu verzehren, d.h., nachdem es über 10 Minuten konstant eine Kerntemperatur von 80 °C erreicht hat. Danach sind mit Sicherheit alle krankheitserregenden Keime abgetötet. Am besten lässt sich dies durch eine Messung mit einem speziellen Fleischthermometer in der Mitte des Fleischstücks überprüfen.

Aromaveredelung und Konservierung

Abhängen, Beizen und Pökeln ••• Der Vorgang des Abhängens dauert je nach Jahreszeit und Temperatur bei Schalenwild bis zu 2 Wochen, bei Hasen, Kaninchen und Federwild etwa 1 Woche. Wie erwähnt verleiht es dem Wild auf natürliche Weise das typische Wildaroma und eine mürbe Konsistenz.

Auch durch Einlegen in eine Essig-, Wein- oder Milchbeize unter Zugabe von Gewürzen können diese Effekte erzielt werden. Doch da hierdurch gleichzeitig der natürliche Geschmack des Tieres beeinflusst wird, schwören viele Feinschmecker eher auf das Abhängen. Das Fleisch junger Tiere ist per se zart, darum sollte man grundsätzlich auf jegliches Beizen verzichten, es sei denn, der Frischverzehr ist nicht möglich, oder die Witterung bzw. fehlende Kühlmöglichkeiten verbieten das Abhängen. Ältere Tiere sollten unbedingt gebeizt werden. Nur dies garantiert, dass man sich die Freude am Essen nicht durch eine zähe Konsistenz des Fleischs verdirbt.

Nach dem Abhängen wird Wildbret nur mit einem Tuch gesäubert, aber nicht gewaschen, da die Stücke ohnehin noch gehäutet werden müssen. Gebeizte Fleischstücke wäscht man stets vor der Zubereitung und trocknet sie mit Küchenkrepp ab.

Einfrieren ••• Wildbret eignet sich wegen seines geringen Fettgehalts auch sehr gut zum Einfrieren. Allerdings muss man das Stück zuvor genauso lange abhängen lassen wie für den direkten Verbrauch, denn im gefrorenen Zustand „reift" das Wildbret nicht weiter.

Bei einer Temperatur von –18 bis –25 °C und bei einwandfreier Verpackung ist Haarwild 10–12 Monate und Federwild 6–8 Monate ohne Qualitätsminderung lagerfähig. Nach dem Auftauen muss das Wildbret sofort verbraucht werden. Unter keinen Umständen darf ein aufgetautes Stück zum zweiten Mal eingefroren werden!

Vor der Zubereitung

Zunächst muss Federwild gerupft und Haarwild gehäutet werden. Bei Geweih- und horntragendem Wild nennt man diesen Vorgang „aus der Decke schlagen" und beim Schwarzwild „abschwarten". Danach wird das Wild, falls bei frischen Tieren noch nicht geschehen, vollständig ausgenommen, innen und außen gründlich gewaschen, mit Küchenkrepp trockengetupft und, je nach Erfordernis, zerlegt.

Bardieren und Spicken ••• In einigen Rezepten dieses Buches wird vorgeschlagen, Wildbret mit Speckstreifen zu spicken oder es zu bardieren, also in einen Speckmantel einzuhüllen. Beide Techniken haben den Vorteil, dass sie ein Austrocknen der Fleischoberfläche verhindern, haben aber daneben auch je nach Wahl und Menge des Specks mehr oder weniger starke Auswirkungen auf den Geschmack. Und genau aus diesem Grunde werden Bardieren und Spicken von manchen Köchen eher kritisch betrachtet. Auf diesem Gebiet muss wohl jeder Wildkoch seine eigenen Erfahrungen machen.

Schießzeiten für Wild und Wildgeflügel

Die folgende Übersicht soll Nichtjägern einen ungefähren Überblick über die Schusszeiten der Wildarten verschaffen. Die nationalen Regelungen weichen in den Ländern Europas voneinander ab. Und selbst in den einzelnen Ländern der Bundesrepublik bestehen gesetzliche Unterschiede. Schließlich ist es jederzeit möglich, dass bestimmte seltene Wildarten über einen längeren Zeitraum nicht bejagt werden dürfen. Will man also ganz sichergehen, erkundigt man sich am besten beim zuständigen Ministerium.

Die moderne Tiefkühltechnik und Transportlogistik relativiert diesen Kalender selbstverständlich weitgehend. Wenn früher zum Osterfest ein Rehbraten aufgetischt wurde, so konnte als sicher angenommen werden, dass es sich um ein selbst erlegtes (gewildertes) Stück handelte. Heutzutage ist dies nicht mehr so einfach festzustellen. Im Feinkosthandel sind fast alle Wildarten zu jeder Jahreszeit tiefgefroren erhältlich. Der Feinschmecker kann Tiefkühlware allerdings von frischem Wild unterscheiden, da gefrorenes Wildbret durch die beim Einfrieren verursachte Sprengung der Muskelfasern automatisch etwas härter wird.

Monat	4	5	6	7	8	9	10	11	12	1	2	3
Rotwild												
Kälber					X	X	X	X	X	X	X	X
Schmalspießer°			X	X	X	X	X	X	X	X		
Schmaltiere°°			X	X	X	X	X	X	X	X		
Hirsche/Alttiere					X	X	X	X	X	X		
Damwild												
Kälber					X	X	X	X	X	X	X	X
Schmalspießer°			X	X	X	X	X	X	X	X		
Schmaltiere°°			X	X	X	X	X	X	X	X		
Hirsche/Alttiere					X	X	X	X	X	X		
Rehwild												
Kitze					X	X	X	X	X	X	X	
Schmalrehe°°			X	X	X	X	X	X	X	X	X	
Ricken						X	X	X	X	X		
Böcke		X	X	X	X	X	X					
Federwild												
Rebhühner						X	X	X				
Fasane							X	X	X	X		
Wildtauben	X					X	X	X	X			
Wildenten						X	X	X	X	X		
Wildgänse				X				X	X	X		
Sonstige												
Feldhase							X	X	X			

°= männliche Einjährige / °°= weibliche Einjährige

Grundrezepte und Beilagen

Wurzelgemüse

Etwa 100 Gramm 1 Zentimeter große Würfel von Möhre, Knollensellerie und Zwiebel (im Verhältnis 2/3 Zwiebel, 1/3 Sellerie und Möhre).

Gewürzbeutel

2 Gewürznelken, 5 zerstoßene Pfefferkörner,
5 zerdrückte Wacholderbeeren, 1 Lorbeerblatt,
1/2 oder 1 sehr kleine Knoblauchzehe

Alle Zutaten in ein 1 Stück Mulltuch oder in ein 1 Tee-Ei füllen und gut verschließen. Je nach Geschmack kann der Gewürzbeutel entweder nur für kurze Zeit oder maximal für 30–40 Minuten in einer Suppe bzw. Sauce belassen werden.

Mildes Pastetengewürz

20 g Lorbeerblätter, 20 g getr. Majoran,
20 g getr. Basilikum, 20 g getr. Thymian,
5 g Gewürznelken, 5 g Muskatnuss,
1 g Muskatblüte, 10 g weißer Pfeffer

Alle angegebenen Gewürze auf Vorrat fein zerstoßen und in einer gut verschließbaren Dose aufwahren.

Intensives Pastetengewürz

10 g Gewürznelken, 10 g Ingwer, 10 g Lorbeerblätter,
10 g Muskatnuss, 10 g Muskatblüte,
10 g getr. Basilikum, 10 g getr. Thymian,
je 9 g weißer und schwarzer Pfeffer,
9 g edelsüßes Paprikapulver und 4 g getr. Majoran

Alle angegebenen Gewürze auf Vorrat fein zerstoßen und in einer gut verschließbaren Dose aufwahren.

Rohe Beize für größere Stücke

150 g Möhren, 150 g Zwiebeln, 50 g Sellerie,
50 g Schalotten, 2 Knoblauchzehen, Salz, Pfeffer,
4 Zweige Petersilie, 1 Zweig Thymian, 1 Zweig
Rosmarin, 1 Salbeiblatt, 1 kleines Lorbeerblatt,
4 Gewürznelken, 10 zerdrückte Wacholderbeeren,
8 g Koriander, 5 zerdrückte schwarze
Pfefferkörner, 2 l trockener Weißwein,
30 ml Weinessig, 40 ml Olivenöl

Das Gemüse in dünne Scheiben schneiden und die Hälfte auf den Boden eines passenden Gefäßes legen. Das leicht gesalzene und gepfefferte Wildbret darauf legen. Restliches Gemüse, Kräuter und Gewürze darüber verteilen. Mit Wein, Essig und Öl bedecken. Das Gefäß mit einem Tuch oder mit geöltem Papier abdecken. 1–2 Tage an einem kühlen Ort ziehen lassen, währenddessen das Fleisch mehrmals wenden. Die Marinade für die Sauce verwenden.

Gekochte Beize für größere Stücke

Zutaten siehe Rezept für Rohe Beize für größere Stücke (Rezept S. 20)

Das Gemüse in dünne Scheiben schneiden und in wenig Öl leicht anbräunen. Wein, Essig, Öl, Kräuter und Gewürze zugeben. Langsam zum Kochen bringen und 30 Minuten kurz unter dem Siedepunkt ziehen lassen! Vollständig ausgekühlt über das Wildbret gießen. Die Marinade für die Sauce verwenden.

Die gekochte Marinade zieht schneller durch und hält sich besser als die rohe Beize.

Mehlbutter

40 g Butter, 15 g Mehl

Butter würfeln und auf einem Teller mit dem Mehl besieben. Mit einer Gabel zu einer glatten Masse verarbeiten. In Klarsichtfolie wickeln, zu einer Rolle formen und kühl stellen. Vor der Verwendung würfeln.

Braune Wildgrundsauce

3 EL Öl, 500 g klein gehackte Wildknochen,
1/2 Zwiebel, 50 g Wurzelgemüse (Rezept S. 19),
2 EL gewürfeltes Tomatenfruchtfleisch,
1 Speckschwarte, 3 EL Mehl, 1/2 l ungesalzene
Fleischbrühe, 1 Gewürzbeutel (Rezept S. 19),
Salz, Pfeffer, 1/4 l Rotwein (Burgunder)

Das Öl in einem großen Topf erhitzen und die Knochen darin anrösten. Zwiebel, Wurzelgemüse, Tomatenwürfel und Speck kräftig darin anbraten. Mit Mehl bestäuben und mit Brühe ablöschen. Gewürzbeutel einlegen und den Topfinhalt zum Kochen bringen. 2–3 Stunden bei geringer Hitze köcheln. Durch ein Sieb passieren. Mit Salz, Pfeffer und Rotwein würzen.

Wildjus (Klare Wildsauce)

2 EL Öl, 500 g klein gehackte Wildknochen,
1/2 Zwiebel, 50 g Wurzelgemüse (Rezept S. 19),
2 EL Tomatenfruchtfleisch, 1 Speckschwarte,
1 1/2 l ungesalzene Fleischbrühe,
1 Gewürzbeutel (Rezept S. 21), Salz, Pfeffer,
1/8 l Rotwein (Burgunder)

Das Öl in einem großen Topf erhitzen und die Knochen darin anrösten. Zwiebel, Wurzelgemüse, Tomaten sowie Speck zugeben und alles kräftig bräunen.

4- bis 5-mal mit etwas kaltem Wasser ablöschen und Flüssigkeit erneut einkochen lassen. Mit Brühe auffüllen, Gewürzbeutel einlegen und den Topfinhalt 3–4 Stunden bei geringer Hitze köcheln lassen. Durch ein Sieb passieren. Mit Salz, Pfeffer und Wein würzen.

Jägersauce

50 g Champignons, 1/2 Zwiebel,
30 g Tomaten, 1 EL Öl, 100 ml Weißwein,
1/2 l braune Wildgrundsauce (Rezept S. 22),
Salz, Pfeffer, 1/2 TL gehackter Kerbel,
1/2 TL gehackter Estragon

Die Champignons mit Küchenkrepp abreiben und putzen, die Zwiebel schälen und die Tomaten vom Stielansatz befreien. Alles fein hacken und kurz in dem erhitzten Öl anschwitzen. Etwas Weißwein angießen, zur Hälfte einkochen. Mit Wildsauce auffüllen, 5 Minuten köcheln lassen und mit Salz, Pfeffer, Kerbel und Estragon würzen.

Cumberlandsauce

1 unbehandelte Orange, 1/8 l Rotwein,
250 g Johannisbeergelee, 1 TL Senf, Salz,
1 TL Zitronensaft

Die Orange waschen und schälen. Das Fruchtfleisch
filetieren und in sehr feine Streifen schneiden. In
einem kleinen Topf mit 3 Esslöffeln Rotwein zum
Kochen bringen und bei reduzierter Hitze 10 Minuten köcheln. Abkühlen lassen.
Johannisbeergelee und Senf gut verrühren, die erkalteten Orangenstreifen zufügen und die Sauce mit
Salz, Zitronensaft und dem restlichen Wein würzen.

Hagebuttensauce

1 unbehandelte Orange, 1 unbehandelte Zitrone,
100 ml Rotwein, 400 g Hagebuttenmarmelade,
2 EL gewürfeltes Tomatenfruchtfleisch, 5 cl Cognac,
Salz, Pfeffer, 1 Msp. Senf, 100 g Meerrettich

Die Schalen von Orange und Zitrone abreiben, die
Früchte auspressen. Zitrusschalen in dem Rotwein
zum Kochen bringen. Auf die Hälfte einkochen,
durchseihen und kalt stellen. Hagebuttenmarmelade,
Tomatenwürfel, durchgeseihten Orangen- und Zitronensaft, Cognac und Rotweinsud mit einem Schneebesen glatt rühren, mit Salz, Pfeffer, Senf und dem
Meerrettich würzen. Die Sauce eisgekühlt servieren.

Sauce Béarnaise

Für 4–6 Personen
1 Zweig Estragon, 2 fein gehackte Schalotten,
4 zerdrückte Pfefferkörner, 50 ml Essig,
100 ml Weißwein, 4 Eigelb, 250 g Butter, Salz,
1 Prise Cayennepfeffer, 1/2 TL gehackter Kerbel,
1 TL gehackter Estragon

Den Estragonzweig klein schneiden und in einer flachen Kasserolle mit Schalotten, Pfefferkörnern, Essig und Wein zum Kochen bringen. Bei geringer Hitze auf knapp 1 Esslöffel reduzieren.
Die Kasserolle in ein heißes Wasserbad setzen und den Fond mit den Eigelben aufschlagen, bis die Masse steif wird. Aus dem Wasserbad nehmen. Die Butter zerlassen und teelöffelweise unter die Sauce rühren. Mit Salz, Cayennepfeffer und den gehackten Kräutern würzen.

Die Sauce schmeckt besonders gut zu gebratenem und gegrilltem Wildfleisch.

Maronenpüree

1 kg Maronen, 3/4 l Milch, 50 g Butter,
Salz, 50 g Zucker

Die Maronenschalen kreuzweise einritzen, ohne das
Fruchtfleisch zu verletzen. Mit den Ritzen nach oben
in eine feuerfeste Form setzen und im auf 220 °C vorgeheizten Ofen 10 Minuten backen. Die aufgeplatz-
ten Schalen der noch heißen Maronen entfernen. Die
Milch in einen Topf füllen, Maronen einlegen
und in etwa 40 Minuten weich kochen. Durch ein
Sieb passieren. Das Maronenpüree mit der Butter
vermengen, mit Salz und Zucker würzen.

Weinkraut

1 Zwiebel, 40–60 g Gänse- oder Schweineschmalz,
1 kg Sauerkraut, 1 l Weißwein, 1 große Kartoffel,
1 kleiner Apfel, Wacholderbeeren oder
Kümmel nach Belieben

Die Zwiebel schälen und fein würfeln. Das Fett in
einem großen Topf erhitzen und die Zwiebel hell
darin anbraten. Das Sauerkraut gut ausdrücken, aus-
einander zupfen und in den Topf geben. Mit dem
Weißwein ablöschen.
Die Kartoffel schälen und fein reiben. Den Apfel
schälen, vom Kerngehäuse befreien und fein würfeln.

Kartoffel, Apfel und Gewürze unter das Sauerkraut mischen. Zugedeckt 1–1 1/2 Stunden dünsten. Ab und zu mit der Gabel umrühren und bei Bedarf noch etwas Wasser angießen.

Rotkohl

1 kg Rotkohl, 2 Äpfel, 1 l Rotwein,
Saft und Schale von einer unbehandelten Zitronen
100 ml Essig, 1/2 TL Zimtpulver, 1 TL Salz,
1 EL Zucker, 1 Gewürzbeutel (Rezept S. 21),
1 Zwiebel, 100 g Schweine- oder Gänseschmalz,
30 g Kartoffelstärke, kalte Butter nach Bedarf

Am Vortag den Rotkohl putzen, vierteln, vom Strunk befreien und in feine Streifen schneiden. Die Äpfel schälen, vierteln, vom Kerngehäuse befreien und in Scheiben schneiden. Mit 1/2 Liter Rotwein, Zitronensaft und -schale, Essig, Zimt, Salz, Zucker und Gewürzbeutel unter den Kohl mischen. Über Nacht zugedeckt an einem warmen Ort stehen lassen.
Am nächsten Tag die Zwiebel schälen, in Scheiben schneiden und in einem großen Topf in Schmalz anschwitzen. Den restlichen Wein bis auf einen kleinen Rest angießen und zum Kochen bringen. Rotkohl zugeben und in etwa 30 Minuten bissfest kochen. Die Kartoffelstärke mit dem restlichen Wein anrühren und den Rotkohl damit binden. Bei Bedarf noch zusätzlich kalte Butter untermischen.

Kartoffelkroketten oder -bällchen

Für 4–5 Personen
500 g Kartoffeln, 15 g Butter, 1 Eigelb, Salz,
geriebene Muskatnuss, 25 g Mehl, 1 Ei,
100 g Weißbrotbrösel, 250 g Fett zum Ausbacken

Die Kartoffeln schälen, in Salzwasser garen und im auf 140 °C vorgeheizten Ofen etwa 10 Minuten ausdampfen lassen. Durch die Kartoffelpresse in eine Schüssel drücken. Butter, Eigelb, Salz und Muskat untermengen.
Aus der Kartoffelmasse kleine korkenförmige Rollen oder Kugeln von 2 Zentimetern Durchmesser formen. Mehl, verschlagenes Ei und Brösel jeweils in tiefe Teller füllen. Die Rollen oder Kugeln nacheinander darin wenden. In Fett schwimmend goldbraun ausbacken.

Die Rollen oder Kugeln können statt in Bröseln auch in Mandelblättchen, Kokosraspeln oder gemahlenen Haselnüssen gewendet werden, um ihnen eine andere Geschmacksnuance zu verleihen.

Herzoginkartoffeln

1 kg Kartoffeln, Salz, geriebene Muskatnuss,
60 g Butter, 6 Eigelb, Butterschmalz für das Blech

Die Kartoffeln schälen, vierteln und über Dampf
garen. Zum Trocknen etwa 10 Minuten in den auf
140 °C vorgeheizten Ofen legen.
Durch die Kartoffelpresse in eine Kasserolle drücken.
Mit Salz und Muskat würzen. Butter und Eigelbe
unterrühren. Ein Backblech mit etwas Butterschmalz
einfetten. Die Kartoffelmasse mit dem Spritzbeutel in
kleinen Rosetten auf das Blech spritzen und im auf
200 °C vorgeheizten Ofen in 8–10 Minuten hellbraun
überbacken.

Kartoffelpüree

Für 4–6 Personen
2 kg mehlig kochende Kartoffeln,
1/2 l Milch, 50 g Butter, 1 TL Salz

Kartoffeln schälen und in Salzwasser weich kochen.
Abschütten und zum Ausdampfen ca. 10 Minuten im
Topf auf die heiße Herdplatte stellen. Anschließend
durch die Kartoffelpresse in eine Schüssel drücken.
Milch mit Butter sowie Salz erhitzen und zu den Kartoffeln geben. Die Zutaten mit dem Holzlöffel zu
einem glatten, schaumigen Püree verrühren.

Kartoffelknödel

Für 4–6 Personen
1 kg Kartoffeln, 1/2 gehackte Zwiebel,
1 EL gehackte Petersilie, 60 g Butter,
2 Eier, 30 g Hartweizengrieß, 30 g Mehl,
Salz, geriebene Muskatnuss,
1 Scheibe Weißbrot ohne Rinde, Weißbrotbrösel

Am Vortag die Kartoffeln in der Schale kochen. Am nächsten Tag die Pellkartoffeln schälen und fein reiben. Zwiebel und Petersilie in 20 Gramm zerlassener Butter anschwitzen und untermischen. Eier, Grieß und Mehl ebenfalls unter die Kartoffeln mengen, mit Salz und Muskat würzen.

Das Weißbrot in Würfel von 1 Zentimeter Kantenlänge schneiden und in 20 Gramm Butter goldbraun rösten. Aus der Kartoffelmasse mit nassen Händen gleich große Knödel formen, dabei in die Mitte jeweils einige Croûtons geben.

Die Klöße in kochendem Salzwasser 20–25 Minuten im offenen Topf kochen (Garprobe bei einem Knödel machen!) und mit den in der restlichen Butter gerösteten Bröseln beträufeln.

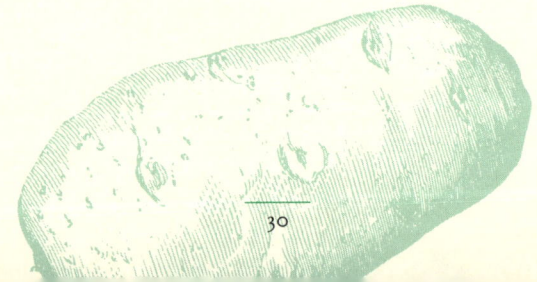

Rohe Kartoffelklöße

Für 4–6 Personen
1 kg rohe Kartoffeln, 1/8 l Milch,
500 g gekochte Kartoffeln, Salz,
1 Scheibe Weißbrot ohne Rinde,
30 g Butter

Die rohen Kartoffeln in eine Schüssel mit kaltem Wasser reiben, in ein Tuch schütten und fest auspressen. Das Wasser dabei auffangen und stehen lassen, bis sich das Stärkemehl abgesetzt hat. Dann abschütten und das verbliebene Stärkemehl mit den Kartoffeln vermischen.
Die Milch zum Kochen bringen und unter die rohen Kartoffeln rühren. Die gekochten Kartoffeln fein reiben und ebenfalls untermischen, mit Salz würzen.
Das Weißbrot in Würfel von 1 Zentimeter Kantenlänge schneiden und in der Butter goldbraun rösten. Mit nassen Händen gleich große Knödel formen, dabei in die Mitte jeweils einige Croûtons geben. Die Kartoffelklöße 30 Minuten in kochendem Salzwasser garen (Garprobe bei einem Knödel machen!).

Bayerische Semmelknödel

10 altbackene Brötchen (Semmeln),
3/8 l lauwarme Milch, 2 EL gewürfelte Zwiebel,
1 Bund fein gehackte Petersilie, 30 g Butter, 4 Eier,
1 EL Mehl, Salz, Weißbrotbrösel nach Bedarf

2.TROWENSCHAGE

Die Brötchen in sehr feine Scheiben schneiden, mit
der Milch übergießen und 30 Minuten ziehen lassen.
Zwiebel und Petersilie in der zerlassenen Butter
anschwitzen. In einer Schüssel mit den eingeweich-
ten Brötchen vermengen. Eier, Mehl und Salz untermischen und die Zutaten zu einem geschmeidigen
Teig verkneten. 20 Minuten ruhen lassen.
Salzwasser zum Kochen bringen und einen Probe-
knödel garen. Bei Bedarf die Masse mit Weißbrotbrö-
seln (Semmelbröseln) binden. Mit angefeuchteten
Händen gleich große Knödel formen, in kochendes
Salzwasser einlegen und knapp unter dem Siedepunkt 20 Minuten garen.

Handgeschabte Spätzle

Für 4–6 Personen
500 g Mehl, 10 Eier, 1/2 TL Salz

Mehl, Eier und Salz verrühren. Den Teig so lange
kräftig schlagen, bis er zäh ist. Leicht gesalzenes Wasser zum Kochen bringen. Jeweils eine kleine Menge

Teig gleichmäßig und dünn auf ein Spätzlebrett streichen und feine Streifen in das kochende Wasser schaben. Sobald die Spätzle an die Oberfläche steigen, mit dem Schaumlöffel herausnehmen und kalt abschrecken. Vor dem Servieren alle Spätzle in Butter schwenken oder kurz in das kochende Wasser tauchen.

Will man die Spätzle mit dem Hobel herstellen, 1 Ei mehr verwenden.

Schupfnudeln (Bubespitzle)

Für 4–6 Personen
500 g kalte Pellkartoffeln, 2 Eier, 2 EL Mehl,
Salz, geriebene Muskatnuss,
Butter nach Bedarf

Die Pellkartoffeln schälen und durch die Kartoffelpresse drücken. Eier, Mehl, Salz und Muskat zugeben und die Zutaten zu einem festen Teig verkneten. Die Masse zu Schupfnudeln (d.h. zu zigarrenförmigen Röllchen) formen.
In kochendes Salzwasser geben, ca. 5 Minuten ziehen lassen, herausnehmen und gut abtropfen lassen. Vor dem Servieren in Butter goldbraun braten bzw. kurz in kochendem Salzwasser erhitzen.

Suppen und Vorspeisen

Wildkraftbrühe

Für 4–6 Personen
500–600 g Wild- oder Wildgeflügelknochen,
100 g Wurzelgemüse (Rezept S. 19),
4 EL gewürfeltes Tomatenfruchtfleisch,
1/8 l ungesalzene Brühe, 1/2 l Rotwein,
1 Gewürzbeutel (Rezept S. 19),
500 g Wild- oder Wildgeflügelfleisch, 1 Eiweiß,
Salz, Pfeffer, 6 Wacholderbeeren,
1 Lorbeerblatt, 2 Gewürznelken

Die Wild- oder Wildgeflügelknochen von allen Seiten
kräftig anbraten, 50 Gramm Wurzelgemüse zugeben
und leicht bräunen. Tomatenwürfel zugeben, mit
1/8 Liter Brühe (oder Wasser) aufgießen und reduzieren. Mit 1 Liter Wasser und 1/4 Liter Rotwein auffüllen. Gewürzbeutel zugeben und alles 2 Stunden
leicht köcheln. Die Brühe passieren und abkühlen
lassen. Das Wildfleisch durch die grobe Scheibe des
Fleischwolfs drehen und mit kaltem Wasser bedeckt
2–3 Stunden stehen lassen.
Eiweiß, restliches Wurzelgemüse, Salz, Pfeffer, zerdrückte Wacholderbeeren, Lorbeerblatt, Nelken und
das eingeweichte Wildfleisch in einen großen Topf
geben und mit der Wildbrühe auffüllen. Topfinhalt
zum Wallen, nicht zum Kochen bringen und 30 Minuten ziehen lassen. So erhält man eine klare Brühe.
Ohne Druck durch ein Tuch passieren. Den restlichen
Wein zugeben und die Brühe mit Salz würzen.

Jägersuppe

Für 4–6 Personen
250 g Waldpilze, 1/2 Zwiebel, 1 EL Öl,
30 g Speckwürfel, 1/2 l Wildkraftbrühe
(Rezept S. 35), 1/8 l Sahne, 1/8 l Rotwein,
Salz, Pfeffer, 1 EL gehackte Petersilie

Die Pilze und die Zwiebel schälen bzw. putzen und in
feine Würfel schneiden. Das Öl erhitzen, Pilze, Zwiebel und Speck darin anschwitzen. Die Brühe zugießen und zum Kochen bringen. Bei schwacher Hitze
köcheln lassen, bis die Pilze weich sind. Sahne und
Rotwein angießen. Die Suppe mit Salz und Pfeffer
würzen. Mit gehackter Petersilie bestreut servieren.

Jagdliche Überraschungssuppe

Für 4–6 Personen
80 g grüne Erbsen, 1 kleine Möhre, Salz,
1/2 l Wildkraftbrühe (Rezept S. 35),
10 g Butter, 1/4 l Sahne, 5 cl Sherry,
100 g Wildfleisch nach Belieben, 1 Eigelb,
3 g Curry, 20 g geriebener Emmentaler

Die Erbsen und die Möhre in 1/4 Liter leicht gesalze-
nem Wasser zum Kochen bringen und 30–35 Minuten garen. Die Möhre herausnehmen und dann den
Topfinhalt durch ein Sieb streichen. Mit der Wild-

kraftbrühe vermischen. Mit Butter, 1/8 Liter Sahne und Sherry abrunden.

Das Wildfleisch in feine Würfel schneiden und in die Suppe geben. Die restliche Sahne schlagen und das Eigelb sowie den Curry unterziehen. Die Suppe in feuerfeste Suppenschalen füllen. Mit der Eiersahne überziehen und mit dem geriebenen Käse bestreuen. Im auf 220 °C vorgeheizten Ofen überbacken.

Hasenpastete

150 g Schweinefleisch, 150 g gebratene Hasen-
fleischreste, 1/4 Zwiebel, 20 g Butter, Salz, Pfeffer,
mildes Pastetengewürz (Rezept S. 21), Thymian,
4 EL Rotwein, 20 g Weißbrotbrösel,
1 Ei, Butter für die Form, 50 g Speck in Scheiben

Das Schweinefleisch und die Hälfte des Hasen-fleischs mit der geschälten Zwiebel zweimal durch die feine Scheibe des Fleischwolfs drehen. Die Masse in heißer Butter anbraten. Mit Salz, Pfeffer, Pasteten-gewürz und Thymian würzen, leicht abkühlen lassen. Mit Wein, Bröseln und Ei mischen. Eine passende Terrine mit Deckel einfetten. Abwechselnd Fleisch-masse und restliches in Würfel geschnittenes Hasen-fleisch einschichten. Die Oberfläche mit dem Speck belegen. Die Form verschließen und die Pastete 90 Minuten im Wasserbad garen. Kalt mit Hagebut-tensauce (Rezept S. 24), Toast und Butter servieren.

Rehpastete in der Terrine

150 g Rehrücken- oder Rehkeulenfleisch,
Salz, Pfeffer, 100 g Champignons, 2 EL Öl,
1/8 l Rotwein, 150 g Schweinefleisch,
30 g Pökelzunge, 1 Ei,
etwas mildes Pastetengewürz (Rezept S. 19),
50 g Speck in Würfeln, 30 g Pistazien

Das Rehfleisch in kleine Stücke schneiden, mit Salz
und Pfeffer würzen. Pilze mit Küchenkrepp abreiben,
putzen und je nach Größe halbieren oder vierteln. Öl
in einer Kasserolle erhitzen und das Rehfleisch darin
anbraten. Die Hitze reduzieren, Wein und Pilze zugeben und alles 30 Minuten schmoren.
Das Schweinefleisch durch die feine Scheibe des
Fleischwolfs drehen. Die Zunge fein würfeln. Fleisch
und Zunge mit Ei sowie Pastetengewürz vermischen.
Rehragout, Speckwürfel und Pistazien ebenfalls
untermischen.
Die Masse in eine passende Terrinenform mit Deckel
füllen und zugedeckt 50–60 Minuten bei 120 °C im
Wasserbad garen. In der Terrine erkalten lassen. Mit
Cumberlandsauce (Rezept S. 24), Toast und frischer
Butter servieren.

Wildgeflügeltörtchen

Für die Füllung:
50 g Champignons, 8–10 g frische Trüffel,
150 g gebratenes Wildgeflügelfleisch nach Belieben,
50 g Gänseleber, 50 g gekochte Pökelzunge,
1/4 l braune Wildgrundsauce (Rezept S. 22),
Salz, Pfeffer, 2 cl Cognac
Für den Teig:
60 g Mehl, 40 g Butter, 1 Prise Salz,
1 kleines Ei

Für die Füllung Champignons mit Küchenkrepp abreiben und putzen. Die Trüffel zunächst in kaltes, danach in warmes Wasser legen. Abbürsten, bis die Erde restlos entfernt ist, falls notwendig, an unzugänglichen Stellen sparsam schälen.
Wildgeflügelfleisch, Gänseleber, Champignons, Trüffel und Zunge in kleine, gleichmäßige Würfel schneiden. Die Wildsauce stark reduzieren und mit den gewürfelten Zutaten vermischen. Mit Salz, Pfeffer und Cognac würzen.
Aus Mehl, Butter, Salz und Ei rasch einen Mürbeteig kneten. Runde, feuerfeste Porzellanförmchen (von 5 Zentimetern Durchmesser und 4 Zentimetern Höhe) mit dem Teig auslegen und das Ragout einfüllen. Aus dem Teig passende Deckel ausstechen und die Förmchen damit verschließen. Jeweils ein kleines Loch in die Deckel schneiden. Die Törtchen bei 180–200 °C 30 Minuten im Ofen backen.

Hauptgerichte

Rehrücken

Für 4–6 Personen
1 Rehrücken (ca. 1,5 kg), Salz, Pfeffer,
250 g Räucherspeck in Scheiben,
100 g kalte Butter,
100 ml Wildkraftbrühe (Rezept S. 35),
250 g saure Sahne oder Crème fraîche

Den Rehrücken enthäuten, mit Salz und Pfeffer einreiben und dicht mit Speckscheiben belegen. Mit
etwa 70 Gramm Butter in eine Kasserolle geben und
im auf 180–200 °C vorgeheizten Ofen 40–50 Minuten braten, dabei wiederholt begießen.
Den Bratsatz mit 100 Millilitern Kraftbrühe oder ablöschen. Mit der restlichen Butter binden und mit saurer
Sahne oder Crème fraîche abrunden. Dazu Kartoffelkroketten oder Schupfnudeln (Rezepte S. 28 u. 33),
frischen Salat und Preiselbeeren servieren.

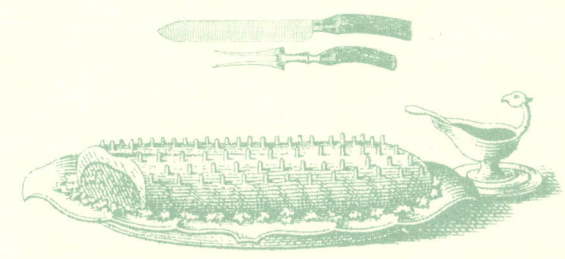

Rehkoteletts in Bierteig

Für 3–4 Personen
600–750 g Rehkoteletts, Salz, Pfeffer
Für den Teig:
1 Ei, 100 g Mehl, 1 EL Öl, Salz,
1/8 l Bier, 1/2 l Brühe
Außerdem:
Öl zum Ausbacken,
Achtel von 1 unbehandelten Zitrone

Für den Bierteig das Ei trennen. Mehl, Öl, Salz,
Eigelb, Bier sowie Brühe verrühren und 1/2 Stunde
ruhen lassen. Danach das Eiweiß zu steifem Schnee
schlagen und unterziehen.
Die Koteletts mit Salz und Pfeffer würzen, in dem
Teig wenden und sofort schwimmend in heißem Öl
ausbacken. Mit Zitronenachteln garniert servieren.
Dazu passt Kartoffelsalat.

Rehragout

600 g Rehfleisch (ohne Knochen),
Salz, Pfeffer, 2 Zwiebeln, 125 g Waldpilze,
6 EL Öl, 3 EL gewürfeltes Tomatenfruchtfleisch,
Mehl zum Bestäuben, Paprikapulver,
1/2 l Brühe, Rotwein nach Belieben,
250 g saure Sahne oder Crème fraîche

Das Fleisch von Häuten und Sehnen befreien, fein
würfeln, salzen und pfeffern. Die Zwiebeln schälen
und in feine Würfel schneiden. Die Pilze putzen und
je nach Größe halbieren oder vierteln.
Öl in einem Topf erhitzen, Fleisch- und Zwiebelwür-
fel darin anschwitzen, Pilze und Tomatenwürfel
ebenfalls mitschwitzen lassen. Mehl und Paprika darüber streuen und die Brühe angießen. Bei schwacher
Hitze 2 1/2 Stunden garen. Ragout mit etwas Rotwein
abschmecken. Mit saurer Sahne oder Crème fraîche
servieren. Dazu passen Salat, Kartoffelknödel bzw.
-klöße oder Spätzle (Rezepte S. 30–32).

Rehleberknödel

1 Rehleber, gut 1/2 l Milch, 1 Zwiebel,
1 EL gehackte Petersilie, 60 g Butter,
4 altbackene Brötchen, 2 Eier, Salz, Pfeffer,
Majoran, 120 g Weißbrotbrösel

Die Leber von Häuten befreien, in Scheiben schneiden
und 15 Minuten in lauwarmes Wasser legen, damit
sich der leicht bittere Geschmack verliert. Anschließend für einige Stunden in etwas Milch legen.
Die Zwiebel schälen, fein schneiden und mit der
Petersilie in Butter leicht andämpfen. Brötchen in der
restlichen Milch einweichen, gut ausdrücken, unter
die Zwiebeln mischen und kurz mitgaren.
Die Leber durch die feine Scheibe des Fleischwolfs
drehen und mit den Eiern in die Zwiebel-Brötchen-
Masse einarbeiten. Mit Salz, Pfeffer und Majoran
würzen. Die Brösel untermischen und den Teig ca.
15 Minuten ruhen lassen. Nun mit nassen Händen
8 Knödel formen, in kochendes Salzwasser legen und
darin in etwa 15 Minuten gar ziehen lassen. Dazu
passt Weinkraut (Rezept S. 26).

Rehsteaks

4 Rehsteaks von je 160 g,
2–3 EL Zitronensaft, 3–4 EL Öl,
Salz, Pfeffer, 3 Wacholderbeeren,
1 Zwiebel, 350 g Pfifferlinge,
50 g geräuchter Speck in Würfeln,
200 g Sauce Béarnaise (Rezept S. 25)

Die Steaks mit Zitronensaft beträufeln und mit Öl bepinseln. Mit Salz, Pfeffer und zerstoßenen Wacholderbeeren würzen. Die Zwiebel schälen und würfeln. Die Pfifferlinge mit Küchenkrepp abreiben, putzen und je nach Größe vierteln oder halbieren.
Das restliche Öl in einer feuerfesten Pfanne erhitzen, die Steaks darin anbraten, herausnehmen und warm halten. Pfifferlinge mit Zwiebel- und Speckwürfeln ebenfalls anbraten.
Die Steaks auf Tellern anrichten, mit der Pfifferlingmischung belegen und mit der Sauce Béarnaise überziehen. Im auf 180–200 °C vorgeheizten Ofen 8–10 Minuten bei Oberhitze überbacken. Dazu passen mit Mandelblättchen panierte Kartoffelkroketten (Rezept S. 28) und Preiselbeeren.

Hirschschnitzel mit Kirschsauce

600 g Hirschkeulenfleisch, Salz, 2 Eier,
etwas Mehl, 150 g Mandelblättchen, 2–3 EL Öl,
300 g eingemachte, entsteinte Schattenmorellen,
1/2 l Rotwein, 100 g Zucker, 1/8 l Sahne,
4 cl Kirschwasser

Das Hirschfleisch von Häuten befreien, in 4 Scheiben schneiden, leicht plattieren und salzen. Die Eier verquirlen und wie Mehl und Mandelblättchen in tiefe Teller füllen. Die Fleischscheiben nacheinander in Mehl, Ei und Mandelblättchen wenden und diese gut andrücken.

Das Öl in einer Pfanne erhitzen und das panierte Fleisch goldbraun darin braten. Inzwischen die Kirschen auf einem Sieb abtropfen lassen und den Saft dabei auffangen. Rotwein mit Zucker und Kirschsaft aufkochen lassen und leicht mit Sahne binden. Kirschen zugeben, mit Kirschwasser abschmecken.

Die Schnitzel auf Tellern anrichten und mit der Sauce umgießen. Dazu passen Kartoffelkroketten (Rezept S. 28) besonders gut.

Hirschfilets mit Pfifferlingen und Rotweinbirnen

600 g Hirschfilet, Salz, Pfeffer
Für die Birnen:
2 Birnen, 1/2 TL Zucker, 1/4 l Rotwein
Für die Pilze:
1/2 Zwiebel, 200 g Pfifferlinge,
100 g magerer Räucherspeck, Salz, Pfeffer
Außerdem:
Öl zum Anbraten, braune Wildgrundsauce
(Rezept S. 22), 4 TL Preiselbeeren

Hirschfilet von Häuten befreien, in Medaillons von 50 Gramm schneiden, leicht plattieren, salzen und pfeffern. Die Filets in dem erhitzten Öl anbraten, herausnehmen und warm halten. Birnen schälen, halbieren, vom Kerngehäuse befreien und 20 Minuten in dem mit Zucker versetzten Wein dünsten.
Für die Pilze die Zwiebel schälen und fein würfeln. Die Pfifferlinge mit Küchenkrepp abreiben, putzen und je nach Größe halbieren oder vierteln. Speck in einer Pfanne auslassen und die Zwiebel darin anschwitzen, Pfifferlinge zufügen und ebenfalls mitschwitzen, salzen und pfeffern.
Die Filets auf Teller verteilen, mit erhitzter Wildsauce übergießen und mit der Pilzmischung belegen. Die Birnen daneben anrichten und mit Preiselbeeren garnieren. Dazu passen Kartoffel- bzw. Mandelkroketten (Rezept S. 28).

Hirschsteaks mit Steinpilzen

640 g Hirschrückenfilet oder
Hirschkeulenfleisch, Salz und Pfeffer
Für die Pilze:
350–400 g Steinpilze, 1/2 Zwiebel,
100 g Räucherspeck, 1/4 l Rotwein,
1/4 l Wildjus (Rezept S. 22), Mehlbutter (Rezept S. 21),
250 g saure Sahne oder Crème fraîche, 1 EL gehackte
Kräuter (Dill, Estragon, Salbei und Kerbel)
Außerdem:
Öl zum Anbraten

Das Hirschfleisch von Häuten befreien und in Steaks
von etwa 160 Gramm schneiden. Mit Salz und Pfeffer
würzen. Das Öl in einer Pfanne erhitzen und das
Fleisch darin 3 Minuten anbraten, warm halten.
Die Steinpilze mit Küchenkrepp abreiben, putzen
und in mundgerechte Stücke schneiden. Die Zwiebel
schälen und wie den Räucherspeck in feine Würfel
schneiden.
Den Speck in einer Pfanne auslassen, Pilze und Zwiebel darin anschwitzen. Mit Wein und Wildjus ablöschen. Die Sauce mit Mehlbutter binden. Mit saurer
Sahne oder Crème fraîche verfeinern und mit den
gehackten Kräutern würzen.
Die Steaks auf Tellern anrichten und mit der Sauce
nappieren. Dazu passen frischer Salat, Kartoffelkroketten und Maronenpüree (Rezepte S. 28 u. 26) oder
Preiselbeeren.

Gefüllte Hirschrouladen

800 g Hirschkeule (ohne Knochen), Salz, Pfeffer,
1 EL Senf, 4 Speckscheiben, 1 Gewürzgurke,
1 EL gewürfeltes Tomatenfruchtfleisch,
1/4 l Rotwein, 1/2 l Fleischbrühe, 1 Gewürzbeutel
(Rezept S. 19), Mehlbutter (Rezept S. 21),
250 g saure Sahne oder Crème fraîche
Für die Füllung:
1 Zwiebel, 2–3 EL Öl,
200 g Wildhackfleisch, 1 Ei, Salz, Pfeffer
Außerdem:
Öl zum Anbraten

Fleisch von Häuten befreien und in 4 Scheiben schneiden. Leicht plattieren, salzen, pfeffern und mit Senf bestreichen. Speck und Gurkenviertel darauf verteilen.
Für die Füllung die Zwiebel schälen, fein hacken und
in 1 Esslöffel Öl anschwitzen. Hackfleisch mit Ei, Salz
und Pfeffer vermischen. Zwiebeln und Hackfleisch
auf den Fleischscheiben verteilen. Zusammenrollen
und mit Küchengarn zusammenbinden. Salzen, pfeffern und in dem Öl anbraten. Tomaten zugeben,
Wein und Brühe angießen. Gewürzbeutel zufügen
und die Rouladen bei mittlerer Hitze 30–40 Minuten
garen. Herausnehmen und warm halten.
Die Sauce durch ein Sieb passieren und mit Mehlbutter binden. Mit saurer Sahne oder Crème fraîche
abschmecken und über die Rouladen gießen. Dazu
Spätzle (Rezept S. 32) und gemischten Salat reichen.

Damwildlendchen

600 g Damwildfilet, 100 g Spickspeck in Scheiben,
Salz, Pfeffer, Thymian, Nelkenpulver, 20 g Butter,
300 g Waldpilze, 1 Zwiebel
Für die Wacholderbutter:
8 Wacholderbeeren, 100 g weiche Butter,
Salz, Pfeffer, Saft von 1/4 Zitrone
Außerdem: Butter zum Anbraten

Für die Wacholderbutter die Beeren zerdrücken und
mit einer Gabel in die Butter einarbeiten. Mit Salz,
Pfeffer und Zitronensaft würzen. In Pergamentpapier
rollen und erkalten lassen.
Das Filet von Häuten befreien, in Scheiben von etwa
50 Gramm schneiden und plattieren. Speck kreuzweise über die Filets legen und mit Küchengarn
festbinden. Mit Salz, Pfeffer, Thymian und Nelke
würzen. Butter in einer Pfanne erhitzen, die Filets
darin anbraten, herausnehmen und warm halten.
Die Waldpilze putzen und in mundgerechte Stücke
schneiden. Zwiebel schälen und fein würfeln. Mit den
Pilzen in dem Bratfett anschwitzen.
Die Lendchen auf Teller verteilen, die Wacholderbutter in Scheiben schneiden und das Fleisch damit
belegen. Die Pilze daneben anrichten. Dazu Spätzle
(Rezept S. 32) reichen.

Damwildmedaillons mit Wodka

600 g Damwildfilet, 100 g Spickspeck in Scheiben,
Salz, Pfeffer, 1 Zwiebel, 150 g gekochter Schinken,
40 g Butter, 5 Wacholderbeeren, 8 cl Wodka,
1/4 l Wildjus (Rezept S. 22),
250 g saure Sahne oder Crème fraîche

Das Damwildfilet in Scheiben von etwa 50 Gramm
schneiden und plattieren. Speck kreuzweise über die
Filets legen und mit Küchengarn festbinden, salzen
und pfeffern. Die Zwiebel schälen und fein würfeln,
den Schinken in feine Streifen schneiden.
Die Butter in einer Pfanne zerlassen und die Filets
darin anbraten. Zwiebel, Schinken und zerdrückte
Wacholderbeeren zugeben und anschwitzen. Mit
Wodka und Wildjus ablöschen, salzen, pfeffern und
mit saurer Sahne oder Crème fraîche verfeinern.
Das Fleisch auf Tellern anrichten, die Sauce darüber
gießen und die Zwiebel-Schinken-Mischung darauf
verteilen. Dazu passt Polenta.

Frischlingsrücken mit Orangenfilets

1,4 kg Frischlingsrücken, Salz, Pfeffer,
3 EL Öl, 30 g Butter, 1 Zwiebel,
Schale 1 unbehandelten Orange, 3 Orangen,
1 EL Weinbrand, 1/4 l Sahne

Den Frischlingsrücken vorbereiten, mit Salz und
Pfeffer einreiben. Öl und Butter in einer Kasserolle
erhitzen und den Braten unter mehrfachem Begießen mit dem Bratfond 1 Stunde darin schmoren.
Die Zwiebel schälen und fein würfeln. Die Orangenschale ohne das Weiße in feine Streifen schneiden.
Die Orangen schälen und filetieren.
Die Zwiebel nach Ende der Garzeit des Fleischs in die
Kasserolle geben und mitschwitzen. Etwas Wasser
angießen. Orangenschale, Salz, Pfeffer, Weinbrand
und Sahne zugeben. Zum Schluss die Orangenfilets
in die Sauce einlegen. Dazu Reis, Kartoffel- oder Mandelkroketten (Rezept S. 28) reichen.

Wildschweinrücken in Bier

1,6 kg Wildschweinrücken, 30 g Schweinschmalz,
100 g Wurzelgemüse (Rezept S. 19),
1/2 l dunkles Bier (z.B. Alt), 1/4 l Fleischbrühe,
1 EL Johannisbeergelee,
250 g saure Sahne oder Crème fraîche, Zucker,
Salz, Saft von 1/2 unbehandelten Zitrone

Den Wildschweinrücken von Häuten befreien. Das
Schmalz in einer Kasserolle zerlassen und den
Rücken darin 15 Minuten braten.
Das Wurzelgemüse zugeben und mitschwitzen. Den
Bratsatz mit Bier und Fleischbrühe lösen und
10 Minuten köcheln lassen. Durch ein Sieb passieren.
Johannisbeergelee und saure Sahne oder Crème fraî-
che dazugeben. Mit Zucker, Salz und Zitronensaft
würzen. Als Beilage sind Knödel (Rezepte S. 30–32)
und Preiselbeeren oder Apfelmus zu empfehlen.

Wildschweinbraten mit Waldpilzen

Für 4–6 Personen
1 kg Wildschweinkeule, Salz, Pfeffer,
30 g Schweinschmalz, 1/4 l Rotwein,
1 Stück Speckschwarte, 1 Zwiebel,
1 Möhre, 1 kleine Sellerieknolle,
1 Gewürzbeutel (Rezept S. 19),
400 g Waldpilze, 1 EL Johannisbeergelee,
250 g saure Sahne oder Crème fraîche

Die Keule vorbereiten, mit Salz und Pfeffer einreiben. Das Schmalz in einer Kasserolle erhitzen und das Fleisch darin kurz anbraten. Den Rotwein angießen und das Fleisch unter regelmäßigem Begießen im auf 180–200 °C vorgeheizten Ofen ca. 1 Stunde garen. Bei Bedarf zusätzlich etwas Wasser angießen. Die Speckschwarte zufügen.

Zwiebel, Möhre sowie Sellerie schälen und würfeln. Im Bratsatz anschwitzen und mit dem Gewürzbeutel 10 Minuten kochen. Fleisch und Beutel herausnehmen. Das Fleisch vom Knochen lösen und in Scheiben schneiden. Sauce durch ein Sieb passieren und zurück in die Kasserolle geben, Fleisch wieder einlegen.

Die Waldpilze mit Küchenkrepp abreiben, putzen und in mundgerechte Stücke schneiden. Mit dem Johannisbeergelee zur Sauce geben und einige Minuten köcheln lassen, salzen, pfeffern und mit saurer Sahne oder Crème fraîche verfeinern. Fleisch mit Sauce und Pilzen auf Tellern anrichten. Dazu passen Rotkohl und Knödel bzw. Klöße (Rezepte S. 27 u. 30–31).

Wildschweinkeule mit Lebkuchen

Für 4–6 Personen
1 kg Wildschweinkeule, Salz, Pfeffer,
30 g Schweinschmalz, 1/4 l Rotwein,
1/2 l Fleischbrühe, 1 Zwiebel,
4 Lebkuchen, 30 g ungeschwefelte Rosinen,
30 g ungeschwefelte Korinthen,
20 g Butter, 30 g gestiftelte Mandeln,
1 Gewürzbeutel (Rezept S. 19),
250 g saure Sahne oder Crème fraîche

Die Keule vorbereiten, mit Salz und Pfeffer einreiben.
Das Schmalz in einer Kasserolle erhitzen und das
Fleisch kurz darin braten. Rotwein sowie Fleischbrühe angießen und die Keule im auf 180–200 °C vorgeheizten Ofen unter Begießen 50–60 Minuten
garen. Die Zwiebel schälen und fein würfeln, die Lebkuchen zerkleinern, Rosinen und Korinthen in etwas
Wasser einweichen.
Butter in einer Pfanne zerlassen und die Zwiebel
darin angehen lassen. Zusammen mit Lebkuchen,
Rosinen, Korinthen und Mandelstiften in die Kasserolle geben. Das Fleisch vom Knochen lösen, in Scheiben schneiden und warm halten. Bratfond nochmals
kurz mit dem Gewürzbeutel kochen lassen. Beutel
entfernen und die Sauce mit saurer Sahne oder
Crème fraîche verfeinern. Das Fleisch mit der Sauce
auf Tellern anrichten. Dazu Rotkohl und Semmelknödel (Rezepte S. 27 u. 32) reichen.

Hasenfilets im Hefeteig

Für 3–4 Personen
1 gebeizter Hasenrücken, 100 g Räucherspeck,
Salz, Pfeffer, 1 EL Olivenöl, 1/2 l Brühe, 1 EL Senf,
1/8 l Rotwein, 200 g Johannisbeergelee
Für den Teig:
350 g Mehl, 1/4 l Milch, 20 g Hefe, 30 g Butter,
30 g Zucker, 1 Ei, 1 Prise Salz
Außerdem:
Fett für das Blech, 20 g Butter zum Belegen

Für den Teig das Mehl in eine Schüssel geben und die
in 1/8 Liter lauwarmer Milch gelöste Hefe zugeben.
Den Vorteig einige Minuten gehen lassen. Zerlassene
Butter, Zucker, Ei sowie Salz hinzufügen und mit der
restlichen Milch zu einem glatten Teig verarbeiten. Mit
einem Tuch bedeckt 15 Minuten gehen lassen.
Inzwischen die Filets auslösen, spicken, salzen, pfeffern und mit Olivenöl bepinseln. In einer Kasserolle
rundherum bei 180–200 °C 8 Minuten anbraten.
Den Teig kurz durchkneten und ausrollen. Die bei-
den Filets darin einwickeln, auf ein gefettetes Backblech legen und Butterflöckchen darauf setzen. Im
auf 180–200 °C vorgeheizten Ofen ca. 45 Minuten
goldbraun backen.
Inzwischen den Bratsatz mit Brühe lösen, Senf einrühren und Wein angießen. Reduzieren lassen, salzen und pfeffern. Die Sauce und das Johannisbeergelee separat dazu reichen.

Hasenbraten

Für 4–5 Personen
1 Hase, Salz, 30 g Butter,
150 g fetter Speck in Scheiben, 1/2 l Fleischbrühe,
125 g saure Sahne oder Crème fraîche, Pfeffer

Den Hasen vorbereiten, die Keulen und die Läufe
vom Rücken lösen. Mit Salz einreiben und mit Butter
bestreichen. Läufe und Keulen mit dem Speck umwickeln und in eine Kasserolle legen. 15 Minuten im
auf 180–200 °C vorgeheizten Ofen braten. Den
Hasenrücken dazulegen und mitbraten, bis das
Fleisch gar ist – das dauert etwa 30 Minuten. Herausnehmen und warm halten.
Den Bratsatz mit Brühe lösen und aufkochen lassen.
Die restliche Butter und saure Sahne oder Crème
fraîche zugeben, salzen und pfeffern. Mit Rotkohl
Kartoffelkroketten (Rezepte S. 27 u. 28) und Preiselbeeren servieren.

Dippe-Has

Für 4–6 Personen
4 Hasenkeulen, Salz, Pfeffer, 300 g durchwachsenes
Schweinefleisch, 1 Zwiebel, 80 g Speckstreifen,
1 Gewürzbeutel (Rezept S. 19), 1/2 l Hasenblut,
2 TL Essig, 1/2 l kräftiger Rotwein,
100 g geriebenes Schwarzbrot, Thymian,
6 cl Weinbrand, 20 g kalte Butter, 250 g saure Sahne
oder Crème fraîche, gehackte Petersilie

Die Hasenkeulen vorbereiten, in gleichmäßige Stücke
zerteilen, mit Salz und Pfeffer würzen. Das Schweine-
fleisch in gleich große Stücke schneiden. Die Zwiebel
schälen und fein würfeln. Die Speckstreifen in einer
Pfanne anbraten.
Hasen- und Schweinefleisch schichtweise mit Zwie-
bel, Salz und Pfeffer in eine Kasserolle füllen. Den
Gewürzbeutel zufügen. Das Hasenblut mit dem
Essig mischen und mit dem Rotwein angießen. Das
Fleisch mit Schwarzbrot, Thymian und gebratenem
Speck bestreuen. Bei geschlossenem Deckel 2 Stun-
den im auf 180–200 °C vorgeheizten Ofen schmoren.
Währenddessen den Topf nicht öffnen.
Das Gericht mit Salz, Pfeffer und Weinbrand ab-
schmecken. Bei Bedarf mit kalter Butter binden. Die
Sauce mit saurer Sahne oder Crème fraîche verfei-
nern. Mit gehackter Petersilie bestreut servieren.
Dazu Semmelknödel (Rezept S. 32) reichen.

Hasenpfeffer

Für 2–3 Personen
1 Portion Hasenklein (Brust- und Bauchstücke,
Hals, Herz, Leber und Nieren),
1 Zwiebel, 50 g magerer Speck,
2–3 EL Öl, 1/2 l Fleischbrühe,
1 Gewürzbeutel (Rezept S. 19), Zucker,
Salz, Pfeffer, 1/8 l Rotwein, 1 TL Zitronensaft,
1 Tasse Hasen- oder Schweineblut (nach Belieben)

Das Hasenklein waschen, in Würfel von etwa 2 Zentimetern Kantenlänge schneiden. Die Zwiebel schälen und wie den Speck in Würfel schneiden.
Öl in einer Kasserolle erhitzen und das Fleisch darin scharf anbraten. Zwiebel sowie Speck zugeben und mitschwitzen. Brühe angießen und den Gewürzbeutel einlegen. Zugedeckt bei geringer Hitze 60–70 Minuten schmoren lassen. Gewürzbeutel entfernen.
Vor dem Anrichten mit Zucker, Salz, Pfeffer, Rotwein und Zitronensaft würzen. Vom Herd nehmen und das Blut einrühren; die Sauce darf danach nicht mehr kochen! Dazu Salat, Nudeln, Kartoffelpüree oder Spätzle (Rezepte S. 29 u. 32) servieren.

Kaninchencurry

Für 4–6 Personen
1 Wildkaninchen, Salz, etwas Suppengrün,
5 Zwiebeln, 4 weiße Pfefferkörner, Muskatblüte,
2 saure Äpfel, 1 Banane, 100 g ungeschwefelte
Rosinen (nach Belieben), 75 g Butter,
1 TL Madras-Curry, 1/4 l Sahne, Pfeffer

Das Kaninchen vorbereiten, in Portionsstücke zerlegen und salzen. Das Suppengrün klein schneiden. Die Zwiebeln schälen, eine ganz belassen und die übrigen fein würfeln.
Kaninchen, Suppengrün, die ganze Zwiebel, zerstoßene Pfefferkörner und Muskatblüte in so viel kochendes Salzwasser geben, dass alle Zutaten bedeckt sind. Bei reduzierter Hitze 40 Minuten köcheln lassen. Danach das Fleisch herausnehmen, von den Knochen lösen und klein schneiden. 3/4 Liter von der Brühe abmessen und beiseite stellen.
Äpfel schälen, halbieren, vom Kerngehäuse befreien und wie die geschälte Banane in Würfel schneiden. Die Rosinen in etwas Wasser einweichen. Butter in einer Kasserolle erhitzen und Zwiebel-, Apfel- sowie Bananenwürfel darin anbraten. Das Fleisch dazugeben und die zuvor beiseite gestellte Brühe angießen.
Eingeweichte Rosinen sowie Curry hinzufügen und das Fleisch weitere 10 Minuten garen. Sahne einrühren und die Sauce nochmals aufkochen lassen, salzen und pfeffern. Mit Reis oder im Reisring servieren.

Wildkaninchen mit Pilzen und Estragon

Für 4–6 Personen
1 Wildkaninchen, Salz, Pfeffer, 1/4 Zwiebel,
1 kleine Möhre, 1/2 Knoblauchzehe, 4–5 EL Öl,
1/4 l trockener Weißwein, 1/4 l Fleischbrühe,
1 Gewürzbeutel (Rezept S. 19), 250 g Champignons,
1 TL frisch gehackter Estragon

Das Kaninchen vorbereiten, in Portionsstücke zerlegen, salzen und pfeffern. Zwiebel, Möhre und Knoblauch schälen und in feine Würfel schneiden.
2–3 Esslöffel Öl in einer Kasserolle erhitzen und das Fleisch darin anbraten. Das Gemüse zugeben und mitbraten. Wein sowie Brühe angießen, den Gewürzbeutel einlegen und das Fleisch bei reduzierter Hitze zugedeckt etwa 40 Minuten schmoren lassen.
Inzwischen die Champignons mit Küchenkrepp abreiben, putzen und vierteln. Das restliche Öl in einer Pfanne erhitzen und die Champignons darin goldbraun anbraten.
Nach Ende der Garzeit Gewürzbeutel und Kaninchenstücke herausnehmen. Die Sauce durch ein Sieb passieren und zusammen mit dem Fleisch zurück in die Kasserolle geben.
Die Champignons zufügen und alles weitere 10 Minuten köcheln lassen, mit Salz, Pfeffer und Estragon würzen. Dazu passen Kartoffelkroketten (Rezept S. 28) besonders gut.

Wildkaninchen mit mediterranem Gemüse

Für 4–6 Personen
1 Wildkaninchen, 3–4 EL Öl, 2 große Zwiebeln,
2 Knoblauchzehen, 3 Auberginen,
4 Zucchini, 1 kg Tomaten, 3 rote Paprikaschoten,
100 g Wurzelgemüse (Rezept S. 19),
je 12 grüne und schwarze Oliven,
300 ml Weißwein, Salz, Pfeffer

Das Kaninchen vorbereiten und in nicht zu große Stücke zerteilen. Öl in einer Kasserolle erhitzen und die Fleischstücke darin bei reduzierter Hitze langsam braten, damit sie eine helle Farbe bekommen. Das Fleisch herausnehmen und warm halten.

Zwiebeln und Knoblauch schälen und fein hacken. Auberginen, Zucchini und Tomaten vom Stielansatz befreien, Auberginen in dünne Scheiben, Tomaten und Zucchini in Würfel schneiden. Paprika von Stielansatz, Samen sowie weißen Scheidewänden befreien und in feine Streifen schneiden.

Zwiebeln in die Kasserolle geben und kurz in dem Bratfett anschwitzen. Auberginen zugeben und mitschwitzen. Wurzelgemüse, Knoblauch, Zucchini, Tomaten, Paprika sowie Oliven zugeben und ebenfalls mitdünsten. Sobald das Gemüse leicht angebräunt ist, den Wein angießen und reduzieren. Mit Salz und Pfeffer würzen. Die Sauce und das Fleisch gesondert reichen. Dazu passen Nudeln besonders gut.

Kaninchen mit Pflaumen

Für 3–4 Personen
1 kleines Wildkaninchen,
125 g geräuchter Speck,
24 Perlzwiebeln, 30–40 g Butter,
1/2 l entfettete Brühe, Salz, Pfeffer,
1 Gewürzbeutel (Rezept S. 19),
125 g Kurpflaumen,
125 g ungeschwefelte Rosinen

Das Kaninchen vorbereiten und in Portionsstücke zerlegen. Den Speck in feine Streifen schneiden, die Zwiebeln schälen.
Die Butter in einer kleinen Kasserolle zerlassen und den Speck darin anrösten. Herausnehmen und die Fleischstücke in der Kasserolle anbraten. Ebenfalls herausnehmen und die Zwiebelchen darin anschwitzen. Kaninchenteile und Speck wieder in die Kasserolle geben und die Brühe angießen, Salz, Pfeffer, Gewürzbeutel zugeben und alles zugedeckt bei reduzierter Hitze 1 Stunde garen.
Danach die gewaschenen Kurpflaumen und die Rosinen hinzufügen. Den Topfinhalt weitere 30 Minuten bei kleiner Hitze ziehen lassen. Bei Bedarf noch etwas Brühe zugießen. Den Gewürzbeutel entfernen. Das Fleisch mit der Sauce auf Tellern anrichten. Dazu passen Semmelknödel (Rezept S. 22).

Fasan mit Kalbsnierenscheiben

1 Fasan, 60 g gesalzener Speck in Scheiben,
4 EL Öl, 1/2 Zwiebel, 125 g Champignons,
100 g Wurzelgemüse (Rezept S. 19), 50 g Walnüsse,
Salz, Pfeffer, 1/2 l Bier, 300 g frische Feigen,
2 cl Rum, 1 EL frische Kräuter nach Belieben,
2 EL Rotwein, 1 Spritzer Zitronensaft,
1/8 l Sahne, 2 Eigelb, 1 Kalbsniere

Den Fasan vorbereiten und mit den Speckscheiben
umwickeln. 3 Esslöffel Öl in einer Kasserolle erhitzen
und das Fleisch 15 Minuten darin scharf anbraten.
Herausnehmen und warm halten.
Zwiebel schälen und fein würfeln. Pilze mit Küchenkrepp abreiben, putzen und je nach Größe halbieren
oder vierteln. Wurzelgemüse und Zwiebel farblos in
dem Bratsatz anschwitzen. Den Fasan darauf legen.
Pilze und Walnüsse dazugeben, salzen und pfeffern.
1/4 Liter Bier angießen und das Fleisch im offenen
Topf 15 Minuten garen.
Feigen kurz in etwas Wasser blanchieren. Speck aus
der Kasserolle entfernen, restliches Bier sowie Rum
angießen und das Fleisch weitere 15 Minuten mit
Deckel garen. Kräuter, Wein, Zitronensaft und Feigen
zufügen und den Topf vom Herd ziehen. Den Fasan
herausnehmen und warmhalten. Sauce mit Sahne
und Eigelben legieren; sie darf danach nicht mehr
kochen, salzen und pfeffern.
Kalbsniere in Scheiben schneiden und im restlichen
Öl anbraten. Den Fasan auf einer Platte anrichten,

mit den Nieren belegen und mit der Sauce nappieren. Dazu Kartoffelkroketten oder Herzoginkartoffeln (Rezepte S. 28 u. 29) servieren.

Gefüllter Fasan

1 junger Fasan, 30 g Butter,
1/4 l Wildjus (Rezept S. 22)
Für die Farce:
150 g Geflügelleber, 150 g fetter Speck, 20 g Butter,
1/4 l Fleischbrühe, 100 g Weißbrotbrösel,
Salz, Pfeffer, 1 EL Weinbrand

Für die Farce Geflügelleber und Speck in Würfel schneiden. Die Butter in einer Pfanne erhitzen und die Leber darin anbraten. Etwas Fleischbrühe angießen, den Speck zufügen und kurz mitdünsten. Leber sowie Speck herausnehmen, in eine Schüssel füllen und abkühlen lassen. Mit Bröseln, Salz, Pfeffer und Weinbrand vermischen. Den Fasan locker mit der Farce füllen und mit Küchengarn zunähen.
Den Fasan mit der Butter in eine Kasserolle geben und im auf 180–200 °C vorgeheizten Ofen ohne Deckel 15–20 Minuten braten. Danach zugedeckt weitere 30 Minuten unter wiederholtem Begießen mit dem Bratfond schmoren. Den Fasan auf einer Platte anrichten und den erhitzten Wildjus separat reichen. Dazu passen frischer Salat und Kartoffelkroketten (Rezept S. 28) besonders gut.

Gefüllte Rebhühner

4 Rebhühner, 100 g Speck in Scheiben,
1/4 l Wildjus (Rezept S. 22), Salz, Pfeffer, 1 cl Pernod
Für die Farce:
100 g Geflügelleber, 4 cl Cognac, 2 altbackene Brötchen, 1 Ei, 1 gekochtes Ei, 1 TL frische Kräuter, klein geschnittene Trüffel nach Belieben, Salz, Pfeffer, mildes Pastetengewürz (Rezept S. 19)

Die vorbereiteten Rebhühner vom Rücken her entbeinen. Dazu jedes Huhn auf die Brust legen. Die Haut zunächst durch einen Längsschnitt öffnen, dann links und rechts mit dem Messer immer am Knochen entlang schneiden, bis die Karkasse herausgenommen werden kann. Das Fleisch leicht plattieren.
Für die Farce Geflügelleber 20 Minuten in dem Cognac ziehen lassen. Brötchen in Wasser einweichen, gut ausdrücken und durch die feine Scheibe des Fleischwolfs drehen. Eingelegte Leber fein würfeln, mit Brötchen, rohem Ei, gekochtem Eiweiß, Kräutern und Trüffelstückchen nach Belieben vermischen. Mit Salz, Pfeffer und Pastetengewürz würzen.
Rebhühner locker mit der Farce füllen, mit Küchengarn zunähen, mit Speck umwickeln und mit dem Garn in Form binden. Zusammen mit den Karkassen im auf 180–200 °C vorgeheizten Ofen 20–25 Minuten braten. Herausnehmen und warm halten.
Bratsatz mit dem zum Einlegen verwendeten Cognac ablöschen, den Wildjus angießen und die Sauce auf

die gewünschte Konsistenz reduzieren. Durch ein Sieb passieren. Mit Salz, Pfeffer und Pernod würzen. Rebhühner mit der Sauce auf einer Platte servieren. Dazu Kartoffelkroketten (Rezept S. 28) reichen.

Rebhühner mit Weintrauben

4 junge Rebhühner, Salz, Pfeffer,
100 g Speck in Scheiben, 50 g Wurzelgemüse
(Rezept S. 19), 1/4 l Weißwein
Für die Garnitur:
250 g Weintrauben,
2 Scheiben Weißbrot ohne Rinde, 50 g Butter

Die Rebhühner vorbereiten, salzen, pfeffern und mit Speck umwickeln. In einer Kasserolle rundherum anbraten. Wurzelgemüse zugeben, mit dem Wein ablöschen und alles 20–25 Minuten schmoren. Speckscheiben herausnehmen.
Die Trauben häuten. Das Brot in Streifen schneiden und in der Butter goldbraun rösten. Vorgebratenen Speck und Trauben ebenfalls darin schwenken.
Die Rebhühner auf einer Platte anrichten, mit Trauben, Speck und Brotstreifen garnieren und mit dem Bratsatz beträufeln. Dazu passen Weinkraut sowie Mandelkroketten (Rezepte S. 26 u. 28).

Junge Wachteln mit Leber

8 junge Wachteln (mit Lebern),
Salz, Pfeffer, 8 Scheiben ungesalzener Speck,
40 g Butter, Thymian, 4 cl Cognac

Die Wachteln vorbereiten, salzen, pfeffern und mit
Speck umwickeln. 30 Gramm Butter in einer Kasserolle zerlassen und die Wachteln 10 Minuten rundherum darin braten, herausnehmen und warm stellen.
Die Wachtellebern in der restlichen Butter separat in
einer Pfanne braten, bis sie weich sind. Leicht mit
Salz, Pfeffer und Thymian würzen und durch ein fei-
nes Sieb streichen. Den Wachtelbratsatz unter die
Lebermasse rühren.
Die Wachteln auf einer Platte anrichten, mit dem Cognac begießen, flambieren und servieren. Die Sauce
separat dazu reichen. Dazu schmecken Feldsalat und
Schupfnudeln (Rezept S. 33) besonders gut.

Gebratene Wachteln mit Linsenpüree

8 Wachteln, Salz, Pfeffer, Paprikapulver,
100 g Speck in Scheiben, 80 g Wurzelgemüse
(Rezept S. 19), 1/4 l Weißwein
Für das Linsenpüree:
50 g Bauchspeck in feinen Würfeln,
500 g weich gekochte Linsen, Salz, Pfeffer,
1 EL Weinessig

Die Wachteln vorbereiten. Innen und außen mit Salz,
Pfeffer und Paprika einreiben. Mit Speckscheiben
umwickeln und mit dem Wurzelgemüse in einer Kasserolle anbraten. Wein angießen und das Fleisch
zugedeckt 15–20 Minuten schmoren lassen.
Für das Linsenpüree die Speckwürfel in einer Pfanne
anbraten und zu den gekochten Linsen in eine Schüssel geben. Beides pürieren und kräftig mit Salz, Pfeffer und Essig würzen. Zu den Wachteln servieren.
Dazu passen Bratkartoffeln.

Gefüllte Wildtauben in Armagnac-Sahne-Sauce

4 Tauben, 1/4 l Fleischbrühe,
Mehlbutter (Rezept S. 21),
1/8 l Sahne, 4 cl Armagnac
Für die Füllung:
2 altbackene Brötchen, etwas Milch,
je 4 Taubenherzen und -lebern, 2 Eier,
100 g fetter geräucherter Speck in Würfeln,
1 EL gehackte frische Petersilie,
1 Prise Rosmarin, 1 Prise Thymian, 1 Prise gehackter
Estragon, Salz, Pfeffer, geriebene Muskatnuss

Die Tauben vorbereiten. Für die Füllung die Brötchen
in Milch einweichen und gut ausdrücken. Taubenherzen und -lebern durch die feine Scheibe des
Fleischwolfs drehen. Brötchen und Innereien mit
Eiern, Speckwürfeln und Kräutern zu einer homo-
genen Masse verarbeiten. Mit Salz, Pfeffer und Muskat abschmecken.
Die Tauben locker mit der Farce füllen und mit
Küchengarn zunähen. Unter fleißigem Begießen im
auf 180–200 °C vorgeheizten Ofen ca. 30 Minuten
garen, herausnehmen und warm halten.
Den Bratsatz mit der Fleischbrühe ablöschen, leicht
mit Mehlbutter binden, mit Sahne verfeinern und mit
Armagnac aromatisieren.
Die von den Fäden befreiten Tauben auf einer Platte
anrichten und mit der Sauce nappieren. Dazu passen
Herzoginkartoffeln (Rezept S. 29).

Wildtauben mit Orangensauce

4 Tauben, Salz, 4 große, dünne Speckscheiben,
100 g Butter, 2 unbehandelte Orangen,
4 cl Feigenlikör, Salz, Pfeffer,
4 große Weißbrotscheiben ohne Rinde

Die Tauben vorbereiten und innen leicht salzen,
jeweils mit 1 Speckscheibe umwickeln und mit etwa
50 Gramm Butter im auf 180–200 °C vorgeheizten
Ofen ca. 30 Minuten braten.
Währenddessen mehrmals wenden und mit Bratfond
begießen, danach herausnehmen und warm halten.
Den Saft von 1 Orange auspressen, die zweite Frucht
in Scheiben schneiden. Bratfond mit Orangensaft,
Likör und 200 Millilitern Wasser ablöschen. Stark
einkochen lassen, mit Salz und Pfeffer würzen.
Das Brot in der restlichen Butter goldbraun rösten.
Die Tauben darauf anrichten, mit der Sauce übergießen und mit den Orangenscheiben garniert servie-
ren. Dazu Kartoffelkroketten (Rezept S. 28) reichen.

Wildgans mit Weintrauben

Für 6–8 Personen
2 Wildgänse, Salz, Pfeffer, 1/4 l Weißwein,
3 Schalotten, 100 g Speck, 1 EL gehackter Thymian,
25 g ungeschwefelte Rosinen,
25 g gehackte Mandeln, Saft von 1/2 Zitrone
und 1 unbehandelten Orange, 1/8 l Portwein,
1 EL Johannisbeergelee, 1 Prise Cayennepfeffer,
1/4 l Sahne, 1/4 l Wildgrundsauce (Rezept S. 22)
Für die Garnitur:
400 g weiße Weintrauben, 20 g Butter,
1 EL gehackte Petersilie

Wildgänse vorbereiten, salzen und pfeffern. Im auf
180–200 °C vorgeheizten Ofen ca. 1 1/4–1 1/2 Stunden garen, dabei regelmäßig mit etwas Weißwein begießen, herausnehmen und warm halten.
Inzwischen Schalotten schälen und wie den Speck fein
würfeln. Beides mit Thymian, Rosinen, Mandeln,
Zitronen- und Orangensaft sowie Portwein vermischen. Durch die feine Scheibe des Fleischwolfs
drehen. Den Bratsatz untermischen. Mit Johannisbeergelee sowie Cayennepfeffer würzen und aufkochen.
Mit Sahne verfeinern. Für die Garnitur Trauben schälen und in zerlassener Butter schwenken.
Gänse mit der Bratensauce auf einer Platte anrichten
und die erhitzte Wildgrundsauce darüber gießen. Mit
Trauben und Petersilie garniert servieren. Dazu passen Rotkohl und Knödel (Rezepte S. 27 u. 30–32).

Wildente mit Waldhimbeergeist

Für 4–5 Personen
2 Wildenten, Salz, Pfeffer, 5 Salbeiblättchen,
100 g geräucherter Speck, 1 Zwiebel, 1 Möhre,
50 g Butter, 1/4 l Fleischbrühe,
1/4 l dunkle Wildgrundsauce (Rezept S. 22),
1 Gewürzbeutel (Rezept S. 19),
4 cl Waldhimbeergeist

Die vorbereiteten Wildenten innen und außen mit
Salz und Pfeffer würzen. Die Salbeiblättchen in die
Bauchhöhle legen. Flügel und Keulen mit Küchen-
garn zusammenbinden. Den Speck würfeln, in einer
Kasserolle anbraten und herausnehmen.
Die Enten in dem Bratfett bei starker Hitze von allen
Seiten anbraten, herausnehmen und warm halten.
Zwiebel und Möhre schälen, fein würfeln. Die Butter
zum Bratfett geben. Zwiebel und Möhre darin hell
anbräunen. Mit Fleischbrühe und Wildsauce ablöschen, salzen und pfeffern. Die Enten mit dem Gewürzbeutel einlegen und in 30–40 Minuten fertig
garen. Gewürzbeutel herausnehmen.
Den Waldhimbeergeist über die Enten gießen und
anzünden. Die flambierten Enten mit der Sauce
servieren. Dazu passen Schupfnudeln (Rezept S. 33).

Desserts

Heidelbeerkuchen

500 g Mehl, 1/4 l Milch, 30 g Hefe,
200 g Butter, 1 Ei, 2 Eigelb, 1 Prise Salz,
100 g Zucker, Öl für das Blech,
50 g Weißbrotbrösel, 500 g Heidelbeeren

Aus 250 Gramm Mehl, lauwarmer Milch und Hefe einen Vorteig herstellen. Zugedeckt 10–12 Minuten gehen lassen.
Danach restliches Mehl, Butter, Ei, Eigelbe, Salz sowie 75 Gramm Zucker hinzugeben und alles zu einem glatten Teig verkneten. Nochmals 10 Minuten gehen lassen. Den Hefeteig durchkneten, ausrollen und auf ein gefettetes Backblech drücken. Dick mit Bröseln bestreuen und mit den gewaschenen Heidelbeeren belegen. Den Heidelbeerkuchen bei 180–200 °C 25–30 Minuten backen und dann mit dem restlichen Zucker bestreuen.

Waldbeerensalat mit Cognac

200 g Waldbeeren, 80 g Zucker,
4 cl Cognac, 1/4 l Sahne, 8 cl Eierlikör

Frische Waldbeeren waschen, nach Belieben zuckern und in den Cognac einlegen. Die Sahne steif schlagen, mit Eierlikör vermengen und die Beeren vorsichtig darunter heben.

Rote Grütze von frischen Waldbeeren

800 g Waldbeeren,
150 g feiner Zucker, 75 g Sago,
Sahne nach Belieben

Die Waldbeeren waschen, 3/4 der Menge durch ein Haarsieb streichen. Den Saft in einem Topf mit Wasser auf 3/4 Liter auffüllen.
Mit 130 Gramm Zucker aufkochen, den Sago unter ständigem Rühren einrieseln lassen und bei reduzierter Hitze 10–12 Minuten köcheln. Vom Feuer nehmen, leicht abkühlen lassen.
Die restlichen Waldbeeren auf Portionsschalen verteilen und mit der flüssigen Grütze bedecken. Leicht mit Zucker bestreuen, um eine Hautbildung zu verhindern. Bis zur Verwendung kühl stellen. Mit flüssiger Sahne servieren.

Halbgefrorenes von Heidelbeeren

Für 5–6 Personen
500 g Heidelbeeren,
300 g Zucker, 5 Eigelb, 3 Eier,
1 TL Vanillezucker, 1/2 l Sahne,
5 g Gelatine, 6 cl Heidelbeerlikör

Die Heidelbeeren waschen und mit 200 Gramm
Zucker sämig kochen, abkühlen lassen. Eigelbe, Eier,
den restlichen Zucker und Vanillezucker mit dem
Schneebesen in einer Schüssel über einem sprudelnd
kochenden Wasserbad schlagen, bis die Masse steif
ist. Auf ein kaltes Wasserbad setzen und weiterschla-
gen, bis die Mischung abgekühlt ist.
Die Sahne steif schlagen. Die Gelatine waschen, in
etwas Wasser auflösen, ausdrücken und sorgfältig
mit der Sahne vermischen. Die erkalteten Heidelbeeren und die Sahne mit der Gelatine unter die gleich-
falls erkaltete Ei-Zucker-Masse ziehen und mit Heidelbeerlikör parfümieren. Mindestens 24 Stunden im
Tiefkühlfach gefrieren lassen.

• • •

Verzeichnis der Rezepte

Grundrezepte und Beilagen

Grundrezepte

Saucen

Beilagen

Suppen und Vorspeisen

Hauptgerichte

Rehwild

Federwild

Desserts

Glossar

Abhängen: Das Lagern von frisch geschossenem Wild an einem kühlen, luftigen Ort zur Verbesserung seiner Konsistenz und zur Verstärkung seines spezifischen Aromas.

Abschwarten: Das Entfernen des Fells bzw. der Schwarte eines Wildschweins.

Aufbrechen: Das Ausweiden eines Stück Wild.

Aufbruch: Die Eingeweide, die aus dem Körper eines Stück Wild entfernt werden.

Aus der Decke schlagen: Das Entfernen des Fells von geweih- und horntragendem Wild.

Aushakeln: Das Ausweiden von Wildgeflügel durch den Darmausgang mit Hilfe eines Hakens.

Balg: Das Fell von Feldhasen und Wildkaninchen.

Bardieren: Mageres Fleisch mit breiten, dünn geschnittenen Speckscheiben umwickeln und diese mit Küchengarn festbinden.

Hautgout:	Ein starker Wildgeschmack und -geruch, der durch die Zersetzung des Fleischeiweißes bei längerem Abhängen entsteht.
Reifen:	Der Prozess, der während des Abhängens das Wildbret mürbe macht und sein Aroma verstärkt.
Spicken:	Mageres Fleisch mittels einer speziellen Spicknadel mit dünnen, kalten Speckstreifen durchsetzen.
Verhitzen:	Der Prozess des Übergangs in saure Gärung bzw. in Fäulnis und damit zur Ungenießbarkeit. Verhitztes Wild erkennt man an einer grünen Unterhaut, kupferroter Muskulatur, leicht lösbaren Fellhaaren, einem unangenehm süßlich-fauligen Geruch und einem faden bis bitteren Geschmack.
Waidmann/ Weidmann:	Traditionelle Bezeichnungen für den Jäger (in den zwei üblichen Schreibweisen).
Wildbret/ Wildpret:	Fleisch von Wild und Wildgeflügel (in den zwei üblichen Schreibweisen).